50 Recetas para una Vida Dulce

Por: Kelly Johnson

Table of Contents

- Pastel de chocolate
- Brownies clásicos
- Galletas de avena
- Tarta de manzana
- Flan de vainilla
- Mousse de fresa
- Cupcakes de vainilla
- Helado de mango
- Pudín de chía
- Cheesecake de frutos rojos
- Donas glaseadas
- Magdalenas de limón
- Tarta de queso y chocolate blanco
- Crumble de frutas
- Panqueques con miel
- Crepes de Nutella
- Pastel de zanahoria

- Bombones de chocolate
- Galletas de chocolate con chips
- Tiramisú clásico
- Pastel de almendra
- Macarons franceses
- Barritas de granola caseras
- Gelatina de frutas
- Bizcocho de vainilla
- Muffins de arándanos
- Trufas de chocolate
- Tarta de limón
- Brownies de chocolate blanco
- Helado de vainilla
- Pastel de café y nueces
- Natillas caseras
- Galletas de mantequilla
- Pastel de frutas secas
- Mousse de chocolate
- Bizcocho de plátano

- Cupcakes de chocolate
- Tarta de frambuesa
- Brownies con nueces
- Pudin de vainilla
- Helado de fresa
- Galletas de jengibre
- Pastel de queso con caramelo
- Crema catalana
- Tarta de chocolate y avellanas
- Muffins de zanahoria
- Gelatina de limón
- Brownies veganos
- Tartaletas de crema y frutas
- Pastel de coco

Pastel de Chocolate

Ingredientes:

- 1 ¾ tazas de harina
- 2 tazas de azúcar
- ¾ taza de cacao en polvo sin azúcar
- 1 ½ cucharaditas de polvo de hornear
- 1 ½ cucharaditas de bicarbonato de sodio
- 1 cucharadita de sal
- 2 huevos grandes
- 1 taza de leche
- ½ taza de aceite vegetal
- 2 cucharaditas de extracto de vainilla
- 1 taza de agua hirviendo

Instrucciones:

1. Precalienta el horno a 175°C (350°F). Engrasa y enharina un molde para pastel.
2. En un bol grande, mezcla harina, azúcar, cacao, polvo de hornear, bicarbonato y sal.
3. Añade huevos, leche, aceite y vainilla. Mezcla bien.
4. Incorpora el agua hirviendo con cuidado (la mezcla será líquida).
5. Vierte en el molde y hornea 30-35 minutos o hasta que al insertar un palillo salga limpio.

6. Deja enfriar antes de desmoldar y decorar.

Brownies Clásicos

Ingredientes:

- 1 taza de mantequilla derretida
- 2 tazas de azúcar
- 4 huevos
- 1 cucharadita de extracto de vainilla
- 1 taza de harina
- ¾ taza de cacao en polvo
- ½ cucharadita de sal
- ½ cucharadita de polvo de hornear

Instrucciones:

1. Precalienta el horno a 175°C (350°F) y engrasa un molde cuadrado.
2. Mezcla mantequilla, azúcar, huevos y vainilla hasta integrar.
3. Añade harina, cacao, sal y polvo de hornear. Mezcla hasta combinar.
4. Vierte la mezcla en el molde y hornea 25-30 minutos.
5. Deja enfriar antes de cortar en cuadritos.

Galletas de Avena

Ingredientes:

- 1 taza de mantequilla
- 1 taza de azúcar morena
- ½ taza de azúcar blanca
- 2 huevos
- 1 cucharadita de extracto de vainilla
- 1 ½ tazas de harina
- 1 cucharadita de bicarbonato de sodio
- 1 cucharadita de canela en polvo
- 3 tazas de avena en hojuelas
- 1 taza de pasas o chispas de chocolate (opcional)

Instrucciones:

1. Precalienta el horno a 180°C (350°F).
2. Bate mantequilla y azúcares hasta cremoso. Añade huevos y vainilla.
3. En otro bol mezcla harina, bicarbonato y canela. Incorpora a la mezcla húmeda.
4. Agrega avena y pasas o chocolate.
5. Forma bolitas y colócalas en una bandeja con papel para hornear.
6. Hornea 10-12 minutos o hasta que estén doradas.

Tarta de Manzana

Ingredientes:

- 1 masa para tarta (comprada o casera)
- 4 manzanas peladas y rebanadas
- ½ taza de azúcar
- 1 cucharadita de canela
- 2 cucharadas de harina
- Jugo de ½ limón

Instrucciones:

1. Precalienta el horno a 190°C (375°F). Coloca la masa en un molde para tarta.
2. Mezcla manzanas con azúcar, canela, harina y jugo de limón.
3. Vierte sobre la masa y cubre con otra capa de masa o tiras formando un enrejado.
4. Hornea 45-50 minutos hasta que la masa esté dorada y el relleno burbujee.
5. Deja enfriar antes de servir.

Flan de Vainilla

Ingredientes:

- 1 taza de azúcar
- 4 huevos
- 1 lata (400 ml) de leche condensada
- 2 tazas de leche entera
- 1 cucharada de extracto de vainilla

Instrucciones:

1. Precalienta el horno a 175°C (350°F).
2. Carameliza el azúcar en una sartén hasta que se dore y vierte en un molde para flan.
3. En un bol, bate huevos, leche condensada, leche y vainilla.
4. Vierte la mezcla sobre el caramelo.
5. Cocina a baño maría en el horno por 50-60 minutos, hasta que al insertar un cuchillo salga limpio.
6. Deja enfriar, refrigera y desmolda para servir.

Mousse de Fresa

Ingredientes:

- 2 tazas de fresas frescas
- 1 taza de crema para batir
- ½ taza de azúcar
- 1 cucharadita de gelatina sin sabor (opcional)
- 3 cucharadas de agua

Instrucciones:

1. Tritura las fresas con azúcar hasta hacer puré.
2. Hidrata la gelatina en agua, caliéntala hasta disolver (si usas).
3. Bate la crema hasta que forme picos suaves.
4. Mezcla el puré de fresas con la gelatina y luego incorpora la crema batida suavemente.
5. Refrigera por al menos 2 horas antes de servir.

Cupcakes de Vainilla

Ingredientes:

- 1 ½ tazas de harina
- 1 ½ cucharaditas de polvo de hornear
- ¼ cucharadita de sal
- ½ taza de mantequilla a temperatura ambiente
- 1 taza de azúcar
- 2 huevos
- 2 cucharaditas de extracto de vainilla
- ½ taza de leche

Instrucciones:

1. Precalienta el horno a 180°C (350°F) y coloca capacillos en un molde para muffins.
2. Mezcla harina, polvo de hornear y sal.
3. Bate mantequilla con azúcar hasta cremoso. Añade huevos uno a uno y la vainilla.
4. Alterna añadir la mezcla de harina y la leche hasta integrar.
5. Llena los capacillos 2/3 y hornea 18-20 minutos.
6. Deja enfriar antes de decorar.

Helado de Mango

Ingredientes:

- 3 mangos maduros, pelados y picados
- 1 taza de crema para batir
- ½ taza de leche condensada
- Jugo de 1 limón

Instrucciones:

1. Licúa los mangos con jugo de limón hasta hacer puré.
2. Bate la crema hasta que forme picos suaves.
3. Incorpora suavemente la leche condensada y el puré de mango.
4. Vierte en un recipiente y congela por al menos 4 horas, removiendo cada 30 minutos las primeras 2 horas para evitar cristales.

Pudín de Chía

Ingredientes:

- ¼ taza de semillas de chía
- 1 taza de leche (puede ser vegetal)
- 1 cucharada de miel o jarabe de arce
- ½ cucharadita de extracto de vainilla (opcional)

Instrucciones:

1. Mezcla todos los ingredientes en un frasco o bol.
2. Refrigera al menos 4 horas o toda la noche.
3. Revuelve antes de servir y añade frutas frescas o frutos secos al gusto.

Cheesecake de Frutos Rojos

Ingredientes:

- 200 g de galletas (tipo María)
- 100 g de mantequilla derretida
- 600 g de queso crema
- 200 g de azúcar
- 3 huevos
- 200 ml de crema para batir
- 1 cucharadita de esencia de vainilla
- 200 g de frutos rojos frescos o congelados
- 3 cucharadas de mermelada de frutos rojos

Instrucciones:

1. Tritura las galletas y mezcla con la mantequilla derretida. Presiona esta mezcla en la base de un molde desmontable.
2. Bate el queso crema con el azúcar hasta obtener una mezcla suave.
3. Añade los huevos uno a uno, la crema y la vainilla, mezclando bien.
4. Vierte sobre la base de galleta y hornea a 160°C (320°F) durante 50-60 minutos.
5. Deja enfriar y refrigera al menos 4 horas.
6. Cubre con mermelada y frutos rojos antes de servir.

Donas Glaseadas

Ingredientes:

- 3 tazas de harina
- 1 taza de leche tibia
- 2 ¼ cucharaditas de levadura seca
- ½ taza de azúcar
- 2 huevos
- ½ taza de mantequilla derretida
- 1 cucharadita de esencia de vainilla
- Aceite para freír
- Glaseado: azúcar glas y agua o leche

Instrucciones:

1. Disuelve la levadura en la leche tibia con una cucharadita de azúcar y deja reposar 10 minutos.
2. Mezcla harina, azúcar, huevos, mantequilla y vainilla. Añade la mezcla de levadura y amasa hasta formar una masa suave.
3. Deja reposar la masa tapada hasta que doble su tamaño (1 hora).
4. Extiende la masa y corta las donas con un cortador especial o dos cortadores circulares.
5. Fríe en aceite caliente hasta dorar, escurre sobre papel absorbente.
6. Baña con glaseado hecho con azúcar glas y un poco de agua o leche.

Magdalenas de Limón

Ingredientes:

- 2 huevos
- 150 g de azúcar
- 100 ml de aceite de girasol
- 150 g de harina
- 1 cucharadita de polvo de hornear
- Ralladura de 1 limón
- 50 ml de leche

Instrucciones:

1. Precalienta el horno a 180°C (350°F).
2. Bate huevos con azúcar hasta que blanqueen. Añade el aceite y la leche.
3. Incorpora la harina con polvo de hornear y la ralladura de limón. Mezcla bien.
4. Llena moldes para magdalenas y hornea 15-20 minutos hasta que estén doradas y al pinchar salga limpio.

Tarta de Queso y Chocolate Blanco

Ingredientes:

- 200 g de galletas
- 100 g de mantequilla derretida
- 400 g de queso crema
- 150 g de chocolate blanco fundido
- 100 g de azúcar
- 2 huevos
- 100 ml de crema para batir

Instrucciones:

1. Tritura las galletas y mezcla con mantequilla. Presiona en la base del molde.
2. Bate el queso crema con el azúcar. Añade huevos, crema y chocolate blanco fundido.
3. Vierte sobre la base y hornea a 160°C (320°F) por 40-45 minutos.
4. Deja enfriar y refrigera antes de servir.

Crumble de Frutas

Ingredientes:

- 500 g de frutas (manzana, pera, frutos rojos, etc.)
- 100 g de azúcar
- 150 g de harina
- 100 g de mantequilla fría
- 100 g de azúcar moreno

Instrucciones:

1. Precalienta el horno a 180°C (350°F).
2. Coloca las frutas en un molde y espolvorea con azúcar.
3. Mezcla harina, azúcar moreno y mantequilla con los dedos hasta obtener migas.
4. Cubre las frutas con la mezcla y hornea 30-35 minutos hasta dorar.

Panqueques con Miel

Ingredientes:

- 1 taza de harina
- 1 cucharada de azúcar
- 1 cucharadita de polvo de hornear
- 1 huevo
- 1 taza de leche
- Mantequilla para la sartén
- Miel para servir

Instrucciones:

1. Mezcla harina, azúcar y polvo de hornear.
2. Añade huevo y leche, mezcla hasta integrar (algunos grumos están bien).
3. Calienta sartén con un poco de mantequilla, vierte ¼ taza de mezcla por panqueque.
4. Cocina hasta burbujas en la superficie, voltea y cocina hasta dorar.
5. Sirve con miel al gusto.

Crepes de Nutella

Ingredientes:

- 1 taza de harina
- 2 huevos
- 1 ¼ taza de leche
- 2 cucharadas de mantequilla derretida
- Nutella para rellenar

Instrucciones:

1. Mezcla harina, huevos, leche y mantequilla hasta tener una mezcla líquida sin grumos.
2. Calienta sartén antiadherente y vierte un poco de mezcla, formando una capa delgada.
3. Cocina 1-2 minutos, voltea y cocina 1 minuto más.
4. Unta Nutella y enrolla. Sirve inmediatamente.

Pastel de Zanahoria

Ingredientes:

- 2 tazas de harina
- 1 ½ cucharaditas de polvo de hornear
- 1 ½ cucharaditas de bicarbonato
- 1 cucharadita de canela
- ½ cucharadita de sal
- 4 huevos
- 1 taza de azúcar
- 1 taza de aceite vegetal
- 3 tazas de zanahoria rallada
- 1 taza de nueces picadas (opcional)

Instrucciones:

1. Precalienta el horno a 180°C (350°F).
2. Mezcla harina, polvo de hornear, bicarbonato, canela y sal.
3. Bate huevos, azúcar y aceite. Añade la mezcla seca y luego la zanahoria y nueces.
4. Vierte en molde engrasado y hornea 45-50 minutos.
5. Deja enfriar antes de decorar.

Bombones de Chocolate

Ingredientes:

- 200 g de chocolate para fundir
- Rellenos opcionales: nueces, crema de avellanas, frutas secas

Instrucciones:

1. Derrite el chocolate a baño maría o microondas en intervalos cortos.
2. Llena moldes pequeños con chocolate, agrega relleno si deseas y cubre con más chocolate.
3. Refrigera hasta que endurezca.
4. Desmolda y disfruta.

Galletas de Chocolate con Chips

Ingredientes:

- 2 ¼ tazas de harina
- 1 cucharadita de bicarbonato de sodio
- 1 taza de mantequilla (a temperatura ambiente)
- ¾ taza de azúcar
- ¾ taza de azúcar moreno
- 1 cucharadita de esencia de vainilla
- 2 huevos
- 2 tazas de chispas de chocolate

Instrucciones:

1. Precalienta el horno a 175°C (350°F).
2. Mezcla harina y bicarbonato.
3. Bate mantequilla con azúcares hasta obtener una mezcla cremosa.
4. Añade huevos y vainilla, mezcla bien.
5. Incorpora los ingredientes secos y mezcla hasta integrar.
6. Agrega las chispas de chocolate.
7. Coloca porciones de masa en bandeja con papel para hornear.
8. Hornea 10-12 minutos hasta dorar los bordes.

Tiramisú Clásico

Ingredientes:

- 3 huevos (separados yemas y claras)
- 100 g de azúcar
- 250 g de queso mascarpone
- 200 ml de café fuerte frío
- 2 cucharadas de licor (opcional)
- 200 g de bizcochos de soletilla (ladyfingers)
- Cacao en polvo para espolvorear

Instrucciones:

1. Bate las yemas con el azúcar hasta blanquear.
2. Añade el mascarpone y mezcla suavemente.
3. Bate las claras a punto de nieve y mezcla con cuidado.
4. Mezcla el café con el licor.
5. Sumerge brevemente los bizcochos en el café y colócalos en un molde.
6. Cubre con una capa de crema de mascarpone.
7. Repite capas terminando con crema.
8. Refrigera al menos 4 horas.
9. Antes de servir, espolvorea cacao en polvo.

Pastel de Almendra

Ingredientes:

- 200 g de almendra molida
- 150 g de azúcar
- 4 huevos
- 50 g de harina
- 100 g de mantequilla derretida
- 1 cucharadita de esencia de almendra

Instrucciones:

1. Precalienta el horno a 180°C (350°F).
2. Bate huevos con azúcar hasta que doble volumen.
3. Añade la mantequilla y esencia de almendra.
4. Incorpora la almendra molida y la harina poco a poco.
5. Vierte en molde engrasado y hornea 30-35 minutos.

Macarons Franceses

Ingredientes:

- 110 g de almendra molida
- 200 g de azúcar glas
- 90 g de claras de huevo (a temperatura ambiente)
- 30 g de azúcar granulada
- Colorante alimentario (opcional)
- Relleno: ganache, crema de mantequilla o mermelada

Instrucciones:

1. Tamiza almendra molida y azúcar glas juntos.
2. Bate claras a punto de nieve, añade el azúcar granulada poco a poco hasta formar picos firmes.
3. Incorpora la mezcla de almendra con movimientos envolventes. Añade colorante si deseas.
4. Coloca la mezcla en manga pastelera y forma círculos en una bandeja con papel de horno.
5. Deja reposar 30-60 minutos para que se forme una costra.
6. Hornea a 150°C (300°F) por 15-18 minutos.
7. Deja enfriar, luego une con el relleno elegido.

Barritas de Granola Caseras

Ingredientes:

- 2 tazas de avena
- ½ taza de nueces picadas
- ½ taza de miel o sirope de agave
- ¼ taza de mantequilla derretida
- ½ taza de frutas secas picadas
- 1 cucharadita de canela

Instrucciones:

1. Precalienta horno a 175°C (350°F).
2. Mezcla avena, nueces, frutas secas y canela.
3. Añade miel y mantequilla, mezcla bien.
4. Coloca en molde cuadrado y presiona para compactar.
5. Hornea 20-25 minutos hasta dorar.
6. Deja enfriar y corta en barras.

Gelatina de Frutas

Ingredientes:

- 1 sobre de gelatina sin sabor
- 500 ml de jugo de frutas natural
- Frutas frescas (fresas, kiwi, uvas)

Instrucciones:

1. Disuelve la gelatina en un poco de agua caliente según instrucciones.
2. Mezcla con el jugo de frutas.
3. Coloca frutas en moldes y vierte la gelatina.
4. Refrigera hasta cuajar (4 horas mínimo).

Bizcocho de Vainilla

Ingredientes:

- 2 tazas de harina
- 1 ½ cucharaditas de polvo de hornear
- 1 taza de azúcar
- ½ taza de mantequilla
- 3 huevos
- 1 taza de leche
- 1 cucharadita de esencia de vainilla

Instrucciones:

1. Precalienta el horno a 180°C (350°F).
2. Bate mantequilla y azúcar hasta crema. Añade huevos uno a uno.
3. Agrega harina y polvo de hornear alternando con leche. Añade vainilla.
4. Vierte en molde engrasado y hornea 30-35 minutos.

Muffins de Arándanos

Ingredientes:

- 2 tazas de harina
- ¾ taza de azúcar
- 2 cucharaditas de polvo de hornear
- ½ cucharadita de sal
- 1 taza de leche
- 1 huevo
- ½ taza de mantequilla derretida
- 1 taza de arándanos frescos o congelados

Instrucciones:

1. Precalienta el horno a 200°C (400°F).
2. Mezcla harina, azúcar, polvo de hornear y sal.
3. En otro bol mezcla leche, huevo y mantequilla.
4. Incorpora la mezcla líquida a la seca hasta que quede apenas combinado.
5. Añade arándanos con cuidado.
6. Llena moldes para muffins y hornea 20-25 minutos.

Trufas de Chocolate

Ingredientes:

- 200 g de chocolate negro
- 100 ml de crema para batir
- Cacao en polvo para cubrir

Instrucciones:

1. Calienta la crema hasta que hierva, vierte sobre el chocolate troceado.
2. Mezcla hasta obtener ganache homogénea.
3. Refrigera 2 horas.
4. Forma bolitas y cubre con cacao en polvo.

Tarta de Limón

Ingredientes:

- 1 base de masa quebrada (puede ser comprada)
- 4 huevos
- 1 lata de leche condensada (aprox. 400 g)
- 150 ml de jugo de limón fresco
- Ralladura de 1 limón

Instrucciones:

1. Precalienta el horno a 180°C (350°F).
2. Coloca la masa en un molde para tarta y pincha el fondo con un tenedor. Hornea 10 minutos.
3. En un bol, bate huevos, leche condensada, jugo y ralladura de limón hasta mezclar bien.
4. Vierte la mezcla sobre la base y hornea 20-25 minutos, hasta que cuaje.
5. Deja enfriar y refrigera antes de servir.

Brownies de Chocolate Blanco

Ingredientes:

- 200 g de chocolate blanco
- 100 g de mantequilla
- 1 taza de azúcar
- 3 huevos
- 1 taza de harina
- 1 cucharadita de esencia de vainilla
- ½ cucharadita de sal

Instrucciones:

1. Precalienta el horno a 175°C (350°F).
2. Derrite la mantequilla con el chocolate blanco a baño maría o microondas.
3. En un bol, bate huevos con azúcar y vainilla. Añade mezcla de chocolate y mantequilla.
4. Incorpora harina y sal con movimientos suaves.
5. Vierte en molde engrasado y hornea 20-25 minutos.

Helado de Vainilla

Ingredientes:

- 500 ml de crema para batir
- 250 ml de leche entera
- 150 g de azúcar
- 1 vaina de vainilla o 1 cucharadita de extracto de vainilla
- 4 yemas de huevo

Instrucciones:

1. Calienta leche, crema y la vaina de vainilla abierta hasta que casi hierva. Retira la vaina.
2. Bate las yemas con el azúcar hasta blanquear.
3. Vierte la mezcla caliente poco a poco sobre las yemas batiendo.
4. Regresa la mezcla a la olla y cocina a fuego bajo hasta espesar (no debe hervir).
5. Deja enfriar y procesa en máquina de helados o congela removiendo cada 30 minutos.

Pastel de Café y Nueces

Ingredientes:

- 1 taza de mantequilla
- 1 taza de azúcar
- 3 huevos
- 2 tazas de harina
- 1 cucharadita de polvo de hornear
- 2 cucharadas de café instantáneo disuelto en 2 cucharadas de agua caliente
- 1 taza de nueces picadas

Instrucciones:

1. Precalienta horno a 180°C (350°F).
2. Bate mantequilla con azúcar, añade huevos uno a uno.
3. Incorpora harina y polvo de hornear. Añade café disuelto y nueces.
4. Vierte en molde engrasado y hornea 35-40 minutos.

Natillas Caseras
Ingredientes:

- 4 yemas de huevo
- 500 ml de leche
- 100 g de azúcar
- 1 cucharada de maicena
- 1 rama de canela
- Cáscara de limón

Instrucciones:

1. Calienta leche con canela y cáscara de limón. Retira antes de hervir.
2. Bate yemas con azúcar y maicena.
3. Vierte leche caliente sobre las yemas batiendo.
4. Cocina mezcla a fuego bajo hasta espesar, sin hervir.
5. Retira canela y limón. Vierte en recipientes y enfría.

Galletas de Mantequilla

Ingredientes:

- 200 g de mantequilla a temperatura ambiente
- 100 g de azúcar glas
- 1 huevo
- 300 g de harina
- 1 cucharadita de esencia de vainilla

Instrucciones:

1. Bate mantequilla con azúcar hasta cremar.
2. Añade huevo y vainilla.
3. Incorpora harina poco a poco hasta formar masa.
4. Extiende masa y corta con cortadores.
5. Hornea a 180°C (350°F) por 12-15 minutos.

Pastel de Frutas Secas
Ingredientes:

- 1 taza de frutas secas mixtas picadas (nueces, pasas, almendras)
- 2 tazas de harina
- 1 taza de azúcar
- 1 taza de mantequilla
- 3 huevos
- 1 cucharadita de polvo de hornear
- 1 cucharadita de canela

Instrucciones:

1. Precalienta horno a 180°C (350°F).
2. Bate mantequilla con azúcar. Añade huevos uno a uno.
3. Mezcla harina con polvo y canela. Incorpora a mezcla anterior.
4. Agrega frutas secas.
5. Hornea 40-45 minutos.

Mousse de Chocolate

Ingredientes:

- 200 g de chocolate negro
- 3 huevos (separados)
- 50 g de azúcar
- 200 ml de crema para batir

Instrucciones:

1. Derrite chocolate al baño maría.
2. Bate claras a punto de nieve con azúcar.
3. Bate crema hasta punto de nieve.
4. Mezcla yemas con chocolate derretido.
5. Incorpora crema y claras con movimientos envolventes.
6. Refrigera mínimo 3 horas antes de servir.

Bizcocho de Plátano

Ingredientes:

- 3 plátanos maduros
- 1 taza de azúcar
- 2 huevos
- 1/3 taza de mantequilla derretida
- 1 ½ tazas de harina
- 1 cucharadita de polvo de hornear
- ½ cucharadita de bicarbonato

Instrucciones:

1. Precalienta horno a 175°C (350°F).
2. Tritura plátanos.
3. Mezcla azúcar con huevos, añade mantequilla y plátanos.
4. Añade harina, polvo y bicarbonato. Mezcla hasta integrar.
5. Hornea 50-60 minutos en molde engrasado.

Cupcakes de Chocolate

Ingredientes:

- 100 g de mantequilla
- 150 g de azúcar
- 2 huevos
- 125 g de harina
- 30 g de cacao en polvo
- 1 cucharadita de polvo de hornear
- 120 ml de leche
- 1 cucharadita de esencia de vainilla

Instrucciones:

1. Precalienta el horno a 180 °C.
2. Bate la mantequilla con el azúcar hasta que esté cremosa.
3. Añade los huevos uno a uno y luego la vainilla.
4. Tamiza harina, cacao y polvo de hornear. Incorpóralo alternando con la leche.
5. Vierte en moldes y hornea 18–20 minutos.

Tarta de Frambuesa

Ingredientes:

- 1 base de masa quebrada
- 300 g de frambuesas frescas o congeladas
- 200 ml de crema para batir
- 2 huevos
- 100 g de azúcar
- 1 cucharada de maicena

Instrucciones:

1. Precalienta el horno a 180 °C.
2. Coloca la masa en un molde y hornea 10 minutos.
3. Mezcla huevos, azúcar, crema y maicena.
4. Coloca las frambuesas sobre la base precocida y vierte la mezcla.
5. Hornea 30–35 minutos. Refrigera antes de servir.

Brownies con Nueces

Ingredientes:

- 200 g de chocolate negro
- 100 g de mantequilla
- 150 g de azúcar
- 3 huevos
- 100 g de harina
- 100 g de nueces picadas

Instrucciones:

1. Precalienta el horno a 180 °C.
2. Derrite el chocolate con la mantequilla.
3. Bate los huevos con el azúcar.
4. Agrega el chocolate derretido, luego la harina y las nueces.
5. Vierte en un molde y hornea 25–30 minutos.

Pudín de Vainilla

Ingredientes:

- 500 ml de leche
- 1 vaina de vainilla o 1 cucharadita de esencia
- 3 yemas de huevo
- 80 g de azúcar
- 1 cucharada de maicena

Instrucciones:

1. Calienta la leche con la vainilla.
2. En un bol, bate las yemas con el azúcar y la maicena.
3. Vierte la leche caliente poco a poco sobre la mezcla.
4. Cocina a fuego bajo removiendo hasta espesar.
5. Enfría y sirve.

Helado de Fresa

Ingredientes:

- 400 g de fresas
- 200 ml de nata para montar (crema)
- 200 ml de leche
- 100 g de azúcar
- 1 cucharadita de jugo de limón

Instrucciones:

1. Tritura las fresas con el azúcar y el limón.
2. Añade la leche y la nata.
3. Mezcla bien y congela, removiendo cada 30 minutos durante 3 horas, o usa heladera.

Galletas de Jengibre

Ingredientes:

- 300 g de harina
- 100 g de mantequilla
- 100 g de azúcar moreno
- 1 huevo
- 2 cucharaditas de jengibre en polvo
- 1 cucharadita de canela
- ½ cucharadita de bicarbonato

Instrucciones:

1. Mezcla mantequilla y azúcar, luego añade el huevo.
2. Incorpora los ingredientes secos.
3. Estira la masa y corta formas.
4. Hornea a 180 °C por 10–12 minutos.

Pastel de Queso con Caramelo

Ingredientes:

- 200 g de galletas (tipo María)
- 100 g de mantequilla derretida
- 500 g de queso crema
- 200 ml de crema para batir
- 150 g de azúcar
- 3 huevos
- Caramelo líquido para decorar

Instrucciones:

1. Tritura las galletas y mézclalas con mantequilla. Presiona en un molde.
2. Bate queso crema con azúcar, luego añade los huevos y la crema.
3. Vierte sobre la base y hornea a 160 °C por 50–60 minutos.
4. Enfría y cubre con caramelo antes de servir.

Crema Catalana

Ingredientes:

- 500 ml de leche
- 4 yemas de huevo
- 100 g de azúcar
- 1 cucharada de maicena
- 1 rama de canela
- Cáscara de 1 limón
- Azúcar extra para caramelizar

Instrucciones:

1. Calienta la leche con la canela y la cáscara de limón. Retira antes de hervir.
2. Bate las yemas con azúcar y maicena.
3. Añade la leche caliente poco a poco, removiendo.
4. Cocina a fuego medio hasta espesar.
5. Vierte en recipientes, enfría. Espolvorea azúcar y quema con soplete antes de servir.

Tarta de Chocolate y Avellanas

Ingredientes:

- 200 g de chocolate negro
- 150 g de mantequilla
- 150 g de azúcar
- 3 huevos
- 100 g de harina
- 100 g de avellanas troceadas

Instrucciones:

1. Precalienta el horno a 180 °C.
2. Funde chocolate y mantequilla juntos.
3. Bate los huevos con el azúcar y añade la mezcla de chocolate.
4. Incorpora la harina y las avellanas.
5. Hornea 30–35 minutos. Deja enfriar antes de servir.

Muffins de Zanahoria

Ingredientes:

- 200 g de zanahoria rallada
- 150 g de harina
- 100 g de azúcar moreno
- 2 huevos
- 80 ml de aceite vegetal
- 1 cucharadita de canela
- 1 cucharadita de polvo de hornear
- Pizca de sal

Instrucciones:

1. Precalienta el horno a 180 °C.
2. Mezcla huevos, azúcar y aceite.
3. Añade la zanahoria rallada.
4. Incorpora los ingredientes secos tamizados.
5. Reparte en moldes y hornea 20–25 minutos.

Gelatina de Limón

Ingredientes:

- 1 sobre de gelatina de limón (85 g aprox.)
- 250 ml de agua caliente
- 250 ml de agua fría

Instrucciones:

1. Disuelve la gelatina en agua caliente.
2. Añade el agua fría y mezcla bien.
3. Vierte en moldes individuales.
4. Refrigera por al menos 4 horas antes de servir.

Brownies Veganos

Ingredientes:

- 100 g de harina
- 50 g de cacao en polvo
- 150 g de azúcar
- 1 cucharadita de polvo de hornear
- 240 ml de leche vegetal
- 80 ml de aceite vegetal
- 1 cucharadita de esencia de vainilla

Instrucciones:

1. Precalienta el horno a 180 °C.
2. Mezcla todos los ingredientes secos.
3. Añade la leche, el aceite y la vainilla.
4. Vierte en un molde y hornea 25–30 minutos.
5. Deja enfriar antes de cortar.

Tartaletas de Crema y Frutas

Ingredientes:

- 12 tartaletas de masa sablé
- 300 ml de leche
- 2 yemas de huevo
- 60 g de azúcar
- 20 g de maicena
- 1 cucharadita de vainilla
- Frutas frescas para decorar

Instrucciones:

1. Calienta la leche con la vainilla.
2. Bate yemas, azúcar y maicena. Añade leche caliente lentamente.
3. Cocina hasta espesar. Enfría.
4. Rellena las tartaletas con la crema.
5. Decora con frutas frescas.

Pastel de Coco

Ingredientes:

- 200 g de coco rallado
- 100 g de harina
- 100 g de azúcar
- 3 huevos
- 100 ml de leche
- 1 cucharadita de polvo de hornear

Instrucciones:

1. Precalienta el horno a 180 °C.
2. Bate huevos con azúcar.
3. Añade leche, coco, harina y polvo de hornear.
4. Vierte en un molde engrasado.
5. Hornea 30–35 minutos. Enfría antes de servir.

www.ingramcontent.com/pod-product-compliance
Lightning Source LLC
LaVergne TN
LVHW061951070526
838199LV00060B/4076